AF436419

Cynthia Pech
Fragmentos de lo que no se ve. Notaciones de un confinamiento
Buenos Aires Poetry, 2023
74 pp.; 15.24 x 22.86 cm
ISBN 978-987-8470-50-4
Poesía MÉXICO

Editorial ©Buenos Aires Poetry

Colección ©Pippa Passes

Diseño editorial ©Camila Evia

**BUENOS
AIRES
POETRY**

BUENOS AIRES POETRY

editorial@buenosairespoetry.com

www.editorialbuenosairespoetry.com

www.buenosairespoetry.com

Cynthia Pech

Fragmentos de lo que no se ve

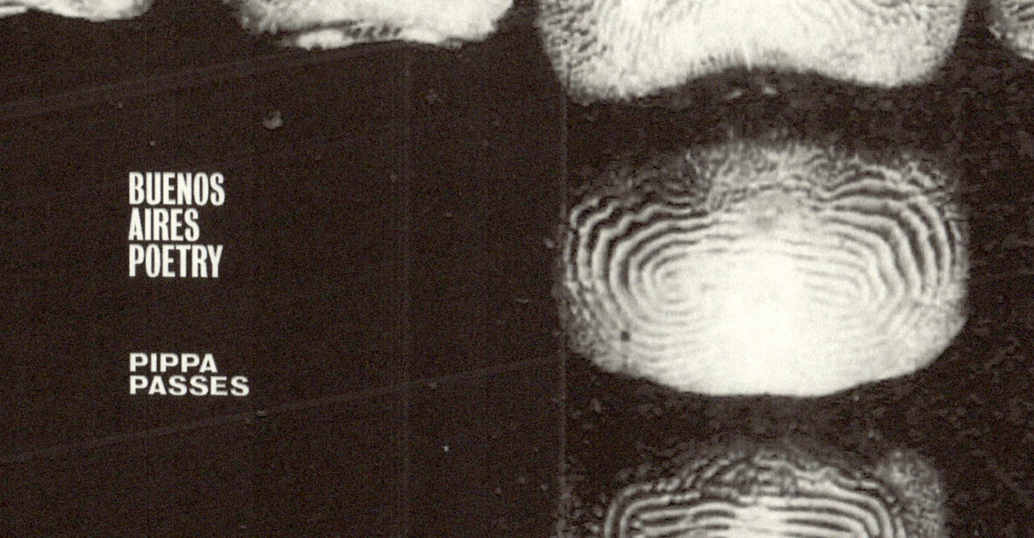

BUENOS
AIRES
POETRY

PIPPA
PASSES

CYNTHIA PECH

—

Fragmentos de lo que no se ve

notaciones de un confinamiento

UNA ESTRELLA ES faro
sin embargo   lo que no se ve
            arriba de nosotros
            inmóvil
            nos escucha: es el confinamiento
la sinfonía de un silencio
                        cuyo eco muge como el mar:
                el Universo se asume femenino y singular
                mientras repasa los vestigios de lo que un colectivo fue
                                    fue
                                    no es
                                    no es más
                    pero es suma aleatoria de una historia
                                plomiza
                    como el rumiar de lo que nos aterra
            a nosotros   lectores
            a solas   en un horizonte
            en una bruma
            entre el Golfo y un mediterráneo
            que no es sino un grito profundo
            un grito de origen   que acuoso
se disuelve en las memorias de nuestros nombres propios
            las comas
que encuentran cauce en el blanco del espacio   : el silencio
que Pech   m   u   s   i   t   a   p   r   o   f   u   n   d   o
            como un deslave que
                            cae
                        cual gota
            profecía sitiada por el origen: el exilio
                de un cuerpo que decide ser escritura
                y espejo de su zaga
                : palabra
la palabra que como la luz tiene olor
                y flora (porque la poesía flora)

y ayuna desde una casa con angustia
y mira
te mira   lector
encerrada en la supervivencia de lo que se reescribe
en la cima de lo posible
lo mortal
una partícula de lo que no se

                                        ve

el púlsar de Pech que leerán a continuación habla con la sangre,
nos ofrenda lo irrepetible, lo que no ocurre ni nunca se pronuncia
igual dos veces, lo que emitimos en complicidad cobarde con
nuestras soledades, con la valentía del aun, lo que no hay, lo
que vendrá, lo vacuo

Zazil Alaíde Collins
Diciembre, 2022.

a Diego, siempre

Cuando muchos días no pasa nada

es cuando pasa el poema.

Diana Bellessi

1. Del silencio

SILEFONÍAS

1.

Lo que no se ve
     tiene la posibilidad de aparecer siempre
     El silencio suena
         sueña   no sueña
     r e s u e n a
     El vacío
         R U G E
entume
         invade
y una cae   calla

2.

El tiempo, dicen, no perdona. Nada sé de eso, sólo que pasa y en el reencuentro de seres de otros tiempos, la mirada se va hacia lo que fuimos pues lo que se ve ahora está compuesto, muchas veces, de fragmentos de lo que quedó de un nosotros que auguraba otra cosa. Y entonces, entender que lo que somos es la suma aleatoria de una historia que fue escribiéndonos, incluso, aunque en eso que dice hoy ya no nos reconocemos.

3.

La dinámica del silencio es la de la negatividad.

Un peso doble: las manos entumidas, los ojos, la lengua,

el cuerpo que se vuelve otro y una gran loza se posa en la cabeza.

4.

22

No hay un origen cierto para lo que no se escucha,
¿cómo saber de dónde viene?
Sólo una gota de agua que cae y rompe el nombre,
tirita el sonido en el resuello del día,
la onda se contrae y deja un leve soplido invertebrado
que se cuela entre el cabello de una música que no tiene lengua.

5.

Hay tareas pequeñas pero arduas:
diseccionar una partícula de luz, por ejemplo.
Los segundos pasan, el tiempo traza el horizonte.
La mañana se ancla en la rutina y vuelvo
sobre la partícula que no consigo escuchar.

6.

24

Después de un tiempo el silencio se vuelve inquisitivo,
rumia en la ansiedad, el vértigo despierta una nube negra,
espesa, que taladra la espera y la inocencia se va desgastando:
no hay víctima sin victimario,
no hay lágrimas sin culpa,
no hay insomnio sin sueño,
no hay nada más que el filamento desgarrado de toda decadencia.

7.

Si algo me asusta es la miseria que brilla
        falsos cantos de sirenas
        la espesa niebla
        ojos ensordecidos
        el mutismo de una lengua
        y en el origen
        lo sórdido como mandato

8.

26

El origen quizá sea aquello que sacude sobre la arena
una brizna en el labio   el mediterráneo
          o el horizonte que traza un barco en medio de la bruma

9.

Una barca en medio del Golfo

otro mar también se avizora

    y sus aguas las llevo tatuadas en la piel salada del exilio

10.

El silencio es una página en blanco
o debiera decir: un grito profundo que no cesa
en la casa que es la memoria
y el origen de donde nace la huella

2.   Del origen

una gota

contiene el mar

el mar

contiene una gota

gota

que

inunda

m e m o r i a

origen

e x p a n d e

una gota de aceite

rompe

rasga

se adentra

peces bajo los pies

bajo los pies

ausencia blanca

silencio

nudos marinos entre las piedras

espasmos   *espuma*

luz en el firmamento:

tan sólo somos *un nombre*

un nombre en la palabra

      la palabra es esa marca de agua

      donde la memoria se zambulle

         y el poso refulge

      inmensidad en el sentido de la escritura

la escritura se escribe con el cuerpo
roza los lindes de la imaginación y la vida
corre despacio
                presurosa
entre los sinónimos   los pliegues del sentido

Va la palabra a b r i é n d o s e
en el mar donde se origina la gota
una fuente sustrayendo el tiempo
            la memoria
que anida junto a los peces
siempre el mediterráneo

También en el lugar del manglar
donde el cenote y Kukulcán
          entrelazan una historia intensa:
años acumulados en la zaga familiar
          estrellándose en el espejo

3.   De la palabra

ÓPTICO

El instante se observa como si fuera el olor del día. Los nidos en los árboles engullen el silencio de la casa. Los colores prístinos se ofrecen a la mirada. La tarea de la flor es mirarme.

GRANIZO

No avisó la lluvia. De pronto, ensordeció el vacío y el granizo cubrió el tiempo. Ayuno de luz sobre su eco y la tarde nublada perturbó a los zanates en sus horas de vuelo. La tempestad cayó sobre la ciudad y las calles se cubrieron de blanco para recordar que no hay previsión climática que valga.

CONFINAMIENTO

Confinar es una voz certera que encierra a una entre las paredes de su silencio y angustia. La paciencia quebrantada soporta la vertiginosa incertidumbre que rasga lo cotidiano y cualquier horizonte que brille como una gota de esperanza. El desafío del día es entonces, llegar a la noche con el arte de la creatividad en los sueños y al cerrar los ojos, encender la posibilidad de volver a saber algo.

ECLOSIÓN

Cielo nuboso anuncia la lluvia. La casa en silencio se ha vuelto el rincón infinito de un mundo que ya no reconozco. Las viejas manías se agudizan y las nuevas se aprenden despacio, al ritmo de las noticias que alientan el miedo y la catástrofe del encierro como la única salida. La casa y sus muros estrechos abren cada día su posibilidad de imaginar una vida plena. La casa resguarda mi entereza, pero también, asfixia mis ganas de asomarme a la puerta cuando las cifras de cada día desglosan más muertos que como la lluvia, levantan el bochorno de la tarde. Lo sé, hay otras lluvias, igual de intensas y escandalosas.

PANDEMIA

Hoy alguien va a morir, mañana también. La certeza es aguda y picante, no encuentra estrategia para salir de ella misma y se anuda, insistentemente, al mar: esa premonición que recorre cada parte del cuerpo, aunque es quizá el estómago donde el vértigo de los alvéolos irradia el vacío de un miedo mayor.

HIBISCUS

Rojas flores en su néctar no sacian la sed de todo un país que no duerme ni cuando el eco del silencio se impone frente a la ráfaga de viento que interrumpe el sonido de una bala que estruje. Pueblos deshabitados y en la casa no es la voz que no se escucha sino la violencia que nos separa de la palabra.

POLVO

Observar se ha vuelto una actividad rutinaria que me conecta con el espacio circular de mi territorio personal. Observar cada rincón en silencio para descubrir otro asombro en el ruido del aire que traspasa los ventanales y el crujir de los árboles que alborota el canto de los tordos. Retener la respiración cuando algo nuevo despierta la mirada, mientras el vacío, amplio y en precipicio, revela el secreto de las hormigas que caminan despacio entre las piedras. Observar es una actividad que quema un tiempo sin reloj.

NUMERALIA

No hay cifra exacta. Los dedos del mundo no alcanzan a contar a quienes han emprendido el camino hacia lo desconocido. Imaginamos una vida mejor allá donde se han ido tantos. Quiera la estadística mostrar su último colmillo mientras las bocas tapadas se descubren temerarias frente al primer oleaje que trae un número indefinido que se agolpa en la garganta de una memoria que, poco a poco, terminará por olvidar los rostros de quienes engrosan el registro funerario.

CACOMIXTLE

Rasga la noche en el tejado. No hay punto de búsqueda en el horizonte, apenas unos sonidos que despiertan el sueño de los insomnes. Revienta en los oídos el paso firme y espontáneo sobre el techo. Las dos de la mañana es lo de menos. Lo demás es la noche diaria en que aparecen los roedores de este lado de la ciudad. Nada el silencio nocturno entre los cascabeles de su cola, cimbra a lo lejos el maullido de un gato y el perro de la vecina ladra. La noche es intensa. La madrugada no es amiga del desvelo. Noche tras noche la visita inesperada es puntual.

NODO

Su cuerpo es hoy un ovillo, un ovillo que late. No hay cuentas ni cuentos, sólo el miedo enredado en el cabello, suspendido en los poros, atrapado en las narinas y con el escarpelo en mano, talla los rostros de los otros en la piedra de todos los días. No hay nada tan circular como el territorio propio: la arena entre la boca enmudece la lengua, los ojos enceguecidos de ya no mirar y entre las marismas de los árboles tan conocidos esculpe el instante de otro tiempo en la memoria. Los recuerdos laten en su cuerpo, ovillo.

VAHO

Él llama y ella lo evade. Sigue de fondo el mismo trozo de cielo. La luna más redonda que ayer se asoma en ese firmamento que palpita. Las sumas residuales de una pandemia destilan la fuerza de unas ganas temerarias por vivir, quizá porque en el fondo todos nos sentimos muertos en vida. Mejor entonces hurgar en los recovecos de lo conocido para atrapar esa emoción que no se puede nombrar. Cualquier indicio de algo seguramente es el espejismo del momento.

4. De la memoria

INTERVALO

Recorrer la palabra con el dedo
respirar el alud de su tono
besar los pliegues que su piel despierta
la punta late
el deseo blanco sobre la cama
Hielo   resplandeciente escarcha
          humedece la hoja

OQUEDAD

asomarse al abismo no es lo peligroso

ni cerrar los ojos antes de caer de pie

el golpe cierto lo da

      el silencio atronador

grito vacío en pleno desborde

      de cada letra descompuesta

            en la aceituna negra

                de algunas certezas

RESONANCIAS

El miedo no conoce estampa
más fina que mis dientes
mandíbulas apretadas
cifran latidos
            y aún el final no llega

FRAGMENTOS DE LO QUE NO SE VE

57

Lo que no se ve

     suena en fragmentos

ondas crispan

     agudas emanaciones

el nervio óptico avispa

Algo se rompe en el silencio

     contención evanescente de mis labios

       el flujo azul inunda el día

Hay cosas que el miedo muestra

que en su final se revelan

Mesura es una medida que no falla

    junta las gotas

    que toda una lluvia

    no puede contener

Lo abismal

es un pozo profundo

     sin punto de ebullición

El cauce es redondo
anémonas esperan en filo:
tu lengua es la navaja que punza

No todos los silencios gritan:

los que aúllan

eclipsan cualquier ruido

y la esperanza

En el estómago hay mariposas verdes, naranjas, rojas... aletean con el zumbido de una sensación que no es novedosa: No bastan esas alas para calmar el volcán que erupciona mis vísceras.

El final está contenido en todo inicio
Lo sabe la angustia, también la certeza
Lo que sigue
es el equilibrio
entre
el deseo y el ocaso

La obscuridad me asusta: Me asusta que en
mis manos no encuentre una luz. Las líneas
de mis palmas no anidan la espuma blanca
que palpita entre mis piernas.

Un aire suave sopla.

La tarde reverbera su ritmo, refresca el

rostro: imágenes palpan mi territorio.

En un mismo punto el espacio se agranda.

La distancia, sin duda, envuelve los cuerpos

en una indiferencia que siempre es aguda.

La realidad a veces traiciona:
todo un tiempo de espera que cuando llega,
lo esfumas con un soplido
y no sabes bien a bien porqué.

Cynthia Pech, Ciudad de México, 1968. Con el poemario *Intersticios*, obtuvo Mención Honorífica en el I Premio de Poesía Experimental Raúl Renán, en 1999. Desde el año 2000 forma parte del Comité Editorial de la revista literaria *Blanco Móvil* y desde el 2015, de *Andamios, revista de investigación social*. Ha publicado también los libros *Vértice de mar* (2006) y *Raíz de un instante* (2014). Su poesía ha sido incluida en las antologías, traducida al inglés, italiano y árabe, y publicada en revistas nacionales e internacionales. Es Doctora en Filosofía por la Universidad de Barcelona y Profesora-Investigadora de la Universidad Autónoma de la Ciudad de México.

Febrero 2023
Impreso en Buenos Aires,
Buenos Aires Poetry
www.editorialbuenosairespoetry.com